Cliquer ou ne pas pas cliquer : la décision finale

Original Play by:
Jennifer Degenhardt & Tara Pai

Translated by:
Jennifer Degenhardt

Edited by:
Françoise Piron

For Mr. Ryan Casey.
Thank you for making the connection.

TABLE DES MATIÈRES

REMERCIEMENTS

A huge shout-out goes to Ryan Casey, a Spanish teacher at Lexington High School (MA) who suggested to Tara that she contact me about doing some artwork for some book covers (which she did). Tara is such a delight to work with that, despite the decades that separate us in age, we became fast friends. (Or at least I'm thinking that we are! Maybe she has other thoughts.)

Thank you, too, to Tara Pai for sticking with this project even when it seemed we were kind of in the weeds. This was truly a joint effort, a melding of the minds, to create this story. It is clear that Tara's Spanish education has been top-notch as the scenes that she created were almost flawless. I thank her, too, for introducing me to AI and making me more comfortable with the topic so I could wrap my head around writing about it. And of course, the beautiful cover art is Tara's doing, as we all know that I lack those skills.

Hope you enjoy the play.
-Jen

Un día, en la clase de español de séptimo grado, tuvimos que pensar en lo que queríamos hacer antes de morir. Allí, por primera vez, escribí en papel: *quiero publicar un libro*. Gracias a la buena gente y a la buena suerte, aquí estoy, cinco años más tarde, como autora publicada.

I owe it all to my Spanish teachers who supported me throughout my language learning journey:

Ms. Harrington, for instilling an early love for the Spanish language.

Ms. Herbert, for sparking joy in language learning, especially during the pandemic.

Ms. Cermenati, for giving me confidence in my skills and abilities.

Mr. Tran, for teaching me more than I ever thought I was capable of learning.

Ms. Swiszcz, for encouraging me to step outside my comfort zone.

Ms. Barry, for helping me grow in so many ways, both in and out of the classroom.

Mr. Casey, for truly always having my back. You're a real one.

Thank you to my family and friends for supporting me and my work. A shout-out to my friend Joy Yuan for sharing her story with me and inspiring the character, Mei.

Of course, an extra special thank you to Jen Degenhardt! Jen is one of the most passionate, dedicated, and thoughtful individuals I've ever met. Her commitment to supporting language learners is truly inspiring. (And yes, of course we're friends, Jen! Our FaceTime calls aren't hours long for no reason!)

-Tara

PERSONNAGES

PROFESSEURE, jeune femme, professeure de littérature, d'origine multiraciale

ANIKA, adolescente d'origine indienne, élève de première année de lycée

MEI, amie d'ANIKA, adolescente d'origine chinoise, élève de première année de lycée

FABIENNE, amie d'ANIKA et de MEI, adolescente d'origine haïtienne, élève de première année de lycée

MÈRE D'ANIKA, adulte, née en Inde

PÈRE D'ANIKA, adulte, né en Inde

NIKHIL, jeune frère d'ANIKA, d'origine indienne

GRAND-MÈRE d'ANIKA, adulte âgée, née en Inde

ARTHUR, camarade de classe des filles, élève de première année de lycée, d'origine européenne

DRU, camarade de classe des filles, élève de première année de lycée, d'origine multiraciale

MÈRE DE MEI, adulte, née en Chine

M. CORDURA, adulte, professeur de sciences sociales, d'origine multiraciale

MÈRE DE FABIENNE, adulte, née en Haïti

PÈRE DE FABIENNE, adulte, né en Haïti

VANESSA, adulte, directrice de l'école, d'origine hispanique

M. SHAFI, adulte, professeur de technologie, originaire du Moyen-Orient

AUTRE PROFESSEURE, adulte, d'origine européenne

ACTE I

SCÈNE 1

Le rideau se lève.

Dans un lycée du nord-est des États-Unis. Un vendredi, dans la classe de littérature.

>   (*Tous les élèves sont à leur pupitre. Ils écoutent la PROFESSEURE.*)

PROFESSEURE

Ah bon, classe. Maintenant que nous avons fini de lire le roman, nous allons parler de l'évaluation sommative.

ANIKA

Madame, on fait un projet ?

>   (*ANIKA, FABIENNE et MEI commencent à parler.*)

MEI

Ah, oui. On peut faire une vidéo ou chanter une chanson.

FABIENNE

Je voudrais créer une pièce de théâtre...

PROFESSEURE

Écoutez, s'il vous plaît.

(La PROFESSEURE distribue la feuille de papier avec l'explication du devoir et la rubrique, qu'on voit sur l'écran. C'est une rubrique très compliquée.)

PROFESSEURE

Comme vous voyez, on ne fait pas de vidéo. On ne fait pas de chanson. Et on ne fait pas de pièce de théâtre.

MEI

Mais Madame, on fait toujours des projets comme ça dans notre école.

(La PROFESSEURE ne fait pas attention à MEI).

PROFESSEURE

Non. On va revenir à une ancienne méthode. Vous allez écrire une composition. Et dans cette composition, vous allez analyser le livre et cet article.

(La PROFESSEURE distribue l'article qu'ils doivent lire.)

ANIKA

(En particulier.) Cet article a plus de dix pages.

FABIENNE

Et regardez la rubrique. Elle est très compliquée.

PROFESSEURE

Ce cours est un cours pour élèves avancés, n'est-ce pas ?

MEI

Mais Madame, une composition de huit pages ?

ANIKA

Et on doit analyser le texte ...

FABIENNE

...et cet article ?

DRU

Madame, c'est beaucoup de travail, n'est-ce pas ?

(La PROFESSEURE entend, mais elle ne répond pas directement au commentaire.)

PROFESSEURE

Vous êtes compétents. Vous pouvez faire le travail.

MEI

(Avec le papier, à la recherche de la date-limite.) Pour quand est-ce qu'on doit terminer ce travail?

FABIENNE

(Parlant à ses amies.) Elle doit nous donner assez de temps pour tout faire …

ANIKA

Trois semaines, au moins...

PROFESSEURE

Vous devez remettre le travail dans une semaine. Vendredi prochain, avant le long week-end.

(Tous les élèves commencent à parler. Ils se plaignent beaucoup alors que la PROFESSEURE range ses affaires avant d'aller à son prochain cours.)

PROFESSEURE

Eh bien, classe. À lundi. Bon week-end !

(À ce moment, la cloche de l'école sonne. La PROFESSEURE quitte la classe rapidement. ANIKA, FABIENNE et MEI se regardent, étonnées[1]. Les autres élèves quittent la classe en se plaignant. La scène devient sombre et le rideau se baisse.)

---

[1] étonnées : astonished.

SCÈNE 2

Dans la partie avant de la scène, après le cours de littérature. C'est l'heure du déjeuner.

(ANIKA, FABIENNE et MEI sont sur les bancs de la cour d'école.)

MEI

Qu'est-ce que la PROFESSEURE pense avec ces devoirs ?

FABIENNE

Je sais pas ! Je sais pas comment je vais le terminer.

MEI

Moi non plus. Ma famille célèbre Zhong Qiu Jie[2] et on doit tout préparer.

FABIENNE

Ça va être impossible d'écrire une composition de huit pages en une semaine.

ANIKA

L'article est trop long. Plus de dix pages ?

---

[2] Zhong Qiu Jie : Chinese mid-autumn festival celebrated on the 15th day of the 8th month of the Chinese lunar calendar.

MEI

Je m'intéresse pas à l'article ni au roman. Je veux pas perdre mon temps avec ces devoirs. C'est difficile et trop de travail.

FABIENNE

Est-ce qu'il y a un moyen de le faire plus rapidement ?

ANIKA

ChatGPT !

FABIENNE

Ha, ha ! Vraiment ?

MEI

C'est pas de la triche[3] ?

ANIKA

Si la professeure n'est pas juste avec nous, pourquoi est-ce qu'on devrait l'être[4]?

---

[3] triche : to cheat.
[4] pourquoi est-ce qu'on devrait l'être : why should we be (fair).

MEI

Tu as raison, mais il y a des conséquences quand on utilise ChatGPT.

FABIENNE

Oui. On doit attendre et considérer si ça vaut le coup[5].

ARTHUR

(Interrompant la conversation.) Vous allez utiliser ChatGPT ? *(Il crie[6] à tous les élèves dans la cour.)* Elles vont utiliser ChatGPT !

MEI

Arthur ! Silence !

FABIENNE

C'est pas vrai ! On y réfléchit.

ANIKA

Tu sais que les devoirs sont un peu excessifs, n'est-ce pas ? Tout le monde est très occupé cette semaine.

---

[5] ça vaut le coup : it's worth it.
[6] il crie : he yells.

ARTHUR

Je vous crois pas. Vous allez tricher.

(ARTHUR quitte la scène.)

MEI

Il est embêtant.

FABIENNE

Oui, c'est vrai.

MEI

Je vais sérieusement réfléchir à l'idée d' utiliser ChatGPT. J'ai mes priorités: ma famille est très importante, plus que mes devoirs.

FABIENNE

Je comprends, mais est-ce que c'est conforme à l'éthique[7] ? Je dois y réfléchir avant de décider.

ANIKA

Moi aussi.

(Les filles quittent la scène. La scène devient sombre et le rideau se baisse.)

---

[7] conforme à l'éthique : ethical.

SCÈNE 3

Le rideau se lève.

Dans une maison du nord-est des États-Unis. Dans la salle à manger. Vendredi soir.

(La famille s'assoit pour diner.)

MÈRE

Apporte la grande cuillère pour servir, s'il te plaît.

ANIKA

Oui, elle est où ?

MÈRE

Près du mixer.

(ANIKA arrive à table avec la cuillère pour servir et s'assoit avec les autres membres de la famille : MÈRE, PÈRE, NIKHIL ET GRAND-MÈRE.)

GRAND-MÈRE

Comment s'est passée ta journée à l'école, NIK ?

NIKHIL

Comme tous les jours, Mimi. Il se passe rien en 8e année. C'est ennuyeux.

MÈRE

Anika, comment s'est passée ta journée à l'école ?

ANIKA

Ah, maman. Parfois les profs sont un peu exigeants.

MÈRE

Pourquoi est-ce que tu dis ça ?

(Les membres de la famille se servent de nourriture.)

PÈRE

ANIKA, le travail des professeurs est exigeant, n'est-ce pas ? Je me souviens quand...

NIKHIL

Papa, toi et tes souvenirs... Tu nous parles toujours du lycée en Inde et comment c'était différent pour toi.

GRAND-MÈRE

Ton fils a raison, Rahul. Tu parles toujours du lycée en Inde et comme c'était plus facile.

PÈRE

(Semblant insulté, mais avec un sourire; à la GRAND-MÈRE.) Mais je me souviens que j'étudiais beaucoup plus...

MÈRE

Bien, Anika, parle-nous de ton expérience avec le professeur ou la professeure exigeant.e.

ANIKA

Professeure. C'est la professeure de littérature. Elle est nouvelle. Elle nous a demandé d'écrire une composition de plusieurs pages. On doit réfléchir aux thèmes du roman qu'on lit dans le cours, on doit analyser un article et utiliser cette information dans la composition.

PÈRE

Ces devoirs doivent être faciles pour toi. Tu es dans le cours pour élèves avancés. Et tu aimes écrire.

ANIKA

Bien sûr, papa, mais on doit remettre la composition dans une semaine. Et j'ai d'autres cours et mes activités ...

NIKHIL

Tu dois utiliser l'IA. Est-ce que tu connais ChatGPT ?

ANIKA

Oui, je sais ce qu'est l'intelligence artificielle. Je connais ChatGPT.

NIKHIL

(Mangeant de plus en plus de nourriture.) Alors, utilise-le pour ta composition.

MÈRE

NIK, utiliser le travail d'autres personnes — ou d'autres applications — c'est pas bien. Les élèves doivent faire leur propre travail.

ANIKA

Papa et toi, vous me parlez toujours d'éthique quand on utilise les programmes et applications comme ChatGPT. Je les utilise pas beaucoup.

PÈRE

Comment ça, « pas beaucoup » ? Tu les utilises pour terminer tes devoirs ?

ANIKA

Bien sûr que non, papa. Je les utilise pour voir d'autres explications de concepts difficiles dans le cours de sciences, par exemple.

GRAND-MÈRE

Chat quoi ?

PÈRE

(Ignorant GRAND-MÈRE.) C'est bon. Alors, tu peux utiliser l'application de la même manière pour cette composition.

ANIKA

Comment ? Je veux pas utiliser l'application de manière peu éthique[8].

PÈRE

Tu peux utiliser l'application comme une autre manière de trouver des idées avant de commencer à écrire ta composition.

MÈRE

Exactement. Tu peux mettre les thèmes du roman et de l'article dans l'application et tu peux poser des questions à Chat...

---

[8] peu éthique : unethical.

GRAND-MÈRE

Est-ce que tu vas parler avec l'ordinateur ?

NIKHIL

(Parlant avec la bouche pleine[9].) Bonne idée ! Et ChatGPT peut écrire ton énoncé... ton énoncé de thèse... heu..., je veux dire... heu... ton thème principal.

MÈRE

Et à partir de là, tu peux écrire ta composition. Tu sais écrire, Anika. Tu écris très bien.

GRAND-MÈRE

Anika écrit très bien.

ANIKA

Merci, maman. Merci, Mimi.

NIKHIL

Et Anika, j'ai une autre astuce[10].

ANIKA

Une autre astuce ? Comment ça ?

---

[9] pleine : full.
[10] astuce : trick.

NIKHIL

Une autre astuce pour utiliser ChatGPT. Mon prof d'études sociales nous l'a montrée.

ANIKA

OK. Qu'est-ce que c'est ?

NIKHIL

Mon prof dit que si tu comprends pas bien l' information que ChatGPT te donne, tu peux lui donner plus d'instructions comme « explique-moi ça comme si j'avais huit ans »[11]. Et à partir de là, les informations vont sortir plus facilement.

GRAND-MÈRE

D'où vient cette information ?

ANIKA

(Parlant à GRAND-MÈRE.) GRAND-MÈRE, je vais t'apprendre ce que c'est ChatGPT plus tard. D'accord?

GRAND-MÈRE

Merci Anika.

---

[11] explique-moi ça comme si j'avais huit ans : explain it to me as if I were eight years old.

PÈRE

Et merci à toi, *maa*[12]. Encore un diner délicieux. J'aime quand tu prépares du *chapati*[13] avec du *paneer*[14].

GRAND-MÈRE

Je sais que tu adores ça, Rahul.

MÈRE

Encore une fois, NIK. Comment s'est passée ta journée à l'école ?

(NIKHIL commence à parler de sa journée et la famille continue de parler alors que la scène devient sombre et le rideau se baisse.)

---

[12] maa : mother (Hindi).
[13] chapati : unleavened flatbread.
[14] paneer : fresh cheese used in Indian cooking made from full-fat milk, typically served in a curry.

SCÈNE 4

Sur la partie avant de la scène, dans le couloir de l'école. Lundi avant le cours de littérature.

(ANIKA, FABIENNE et MEI parlent avant d'entrer en classe. ARTHUR les entend parler de ChatGPT. ARTHUR veut joindre la conversation, mais il ne peut pas parce que la cloche sonne et il doit aller à son prochain cours.)

(Dans la classe, ARTHUR voit son meilleur ami, DRU. Les deux parlent.)

ARTHUR

DRU, j'ai entendu quelque chose d'incroyable !

DRU

Ah oui, quoi ?

(MEI, FABIENNE et ANIKA entrent.)

ARTHUR

(Chuchotant[15].) Ces trois filles vont utiliser l'IA pour les devoirs.

DRU

Non, vraiment ?

---

[15] chuchotant : whispering.

ARTHUR

Oui. Elles vont le terminer totalement avec ChatGPT, et elles vont pas le dire à la prof. Les trois filles vont le faire. Je vais informer la prof et tout le monde. Tout le monde va savoir !

DRU

Ha, ha ! Je vais t'aider ! Ça va être excellent !

(La PROFESSEURE entre en scène.)

DRU

Arthur, est-ce tu crois que autres élèves vont aussi utiliser l'IA ?

PROFESSEURE

L'IA ?

DRU

Quoi ?

PROFESSEURE

Dru, est-ce tu vas utiliser l'IA ?

DRU

Non...

ARTHUR

Mais je connais des élèves qui vont le faire.

(ANIKA, FABIENNE et MEI regardent ARTHUR.)

PROFESSEURE

C'est vrai, classe ? Certains élèves vont utiliser l'IA?

(Personne ne dit rien.)

PROFESSEURE

Personne ne dit rien ?

(Il y a un silence sur la scène.)

PROFESSEURE

Vous avez toujours quelque chose à dire.

(ARTHUR ouvre la bouche, mais la PROFESSEURE commence à parler.)

PROFESSEURE

Vous savez que vous ne pouvez pas utiliser l'IA pour terminer les devoirs. Et maintenant, j'ai plus d'informations sur la composition.

MEI

(À FABIENNE et à ANIKA.) Finalement, plus d'informations. Le devoir doit être plus facile que ce qu'elle nous a dit.

PROFESSEURE

Bon, voilà. J'ai un autre article ...

ANIKA

Quoi ?!

PROFESSEURE

Et aussi une vidéo. On va incorporer l'information de tout ça dans vos compositions. Et comme c'est un cours pour élèves avancés, la composition doit avoir un minimum de dix pages.

(Silence.)

(ARTHUR commence à rire et DRU aussi.)

PROFESSEURE

De quoi vous riez, les garçons ?

ARTHUR

Rien, madame.

FABIENNE

(À ANIKA) Arthur doit pas ouvrir la bouche.

ANIKA

(À FABIENNE) Tu as raison.

(La cloche sonne et les élèves quittent la scène. La PROFESSEURE est seule à son bureau.)

PROFESSEURE

Les élèves utilisent vraiment l'IA ? Je dois parler avec l'administration. J'ai besoin d'une clarification des règles de l'école.

(La PROFESSEURE est assise à son bureau. La scène devient sombre et le rideau se baisse.)

SCÈNE 5

Le rideau se lève.

Dans une maison du nord-est des États-Unis.
Dans la salle à manger. Lundi soir.

(La famille s'assoit pour diner.)

MÈRE

Mei, apporte la cuillère pour servir, s'il te plaît.

MEI

Oui, maman. Elle est où ?

MÈRE

Elle est près du *wok*.

(MEI arrive à table avec la cuillère pour servir et s'assoit près de sa MÈRE.)

MÈRE

Comment s'est passée ta journée à l'école, Mei ?

MEI

Ah, maman. Mes profs sont exigeants.

MÈRE

Pourquoi est-ce que tu dis ça ?

MEI

(Se servant de nourriture.) Tu te souviens de la composition pour le cours de littérature, n'est-ce pas ?

MÈRE

Celle dont tu m'as parlé le week-end dernier ?

MEI

Oui. La composition de plusieurs pages où on doit analyser le texte et un article …

MÈRE

Que tu dois rendre vendredi.

MEI

Exactement. La composition est difficile, mais maintenant la prof dit qu'on doit analyser une vidéo et aussi un autre article, et on doit inclure cette information dans la composition. Et elle doit faire un minimum de dix pages.

MÈRE

Oh. C'est trop de travail. Je me souviens de mes cours à l'université ici aux États-Unis, mais je me souviens pas d'avoir dû faire autant[16] de travail en si peu de jours.

MEI

C'est vrai, maman. Je sais pas ce que je vais faire. J'ai pas seulement le cours de littérature ...

MÈRE

Comment je peux t'aider, Mei ?

MEI

Je sais pas, maman. C'est beaucoup de travail. Et j'ai seulement trois jours pour terminer la composition. Mes amies pensent utiliser ChatGPT.

MÈRE

C'est une bonne idée. J'ai utilisé ChatGPT pour mes cours à l'université.

MEI

Vraiment, maman ? Tu as triché à l'université ?

---

[16] autant: as much.

MÈRE

Qu'est-ce que tu dis ? Oui, j'ai utilisé ChatGPT, mais j'ai pas triché[17]. Je l'ai utilisé comme outil[18], une technique pour m'aider.

MEI

Comment ? Je comprends pas.

MÈRE

Tu sais que mon anglais est pas parfait, alors j'ai utilisé ChatGPT pour m'aider avec la grammaire et la formation des phrases. Parfois je l'ai aussi utilisé pour générer des idées.

MEI

Comment ça? C'est pas de la triche ?

MÈRE

L'application peut donner des résumés, des synopsis et des suggestions, mais c'est la personne qui doit analyser ce que ChatGPT génère.

---

[17] j'ai pas triché : I didn't cheat.
[18] outil : tool.

MEI

Alors, tu l'as utilisé pour t'aider à formuler des idées ?

MÈRE

Exactement. Avec toutes les idées que ChatGPT m'a données, j'ai fait une analyse et j'ai pu mieux faire sur mes devoirs.

MEI

Ouh ! Ma mère la tricheuse. Ha, ha !

MÈRE

Mei, c'est important de savoir que la technologie peut être bonne pour la société. Les gens peuvent l'utiliser et bénéficier d'elle. Mais, c'est aussi important de comprendre la différence entre utiliser l'intelligence artificielle pour terminer des devoirs et l'utiliser pour **aider** à les terminer.

MEI

D'accord maman. Je vais l'utiliser ce soir pour m'aider avec les articles.

MÈRE

Est-ce que tu vas avoir le temps d'écrire la composition ?

MEI

Je suis pas sûre, maman. Mais avec l'aide de l'IA, j'espère que oui. Merci pour le diner, maman. J'ai beaucoup aimé le *mapo tofu*[19].

MÈRE

N'oublie pas que nous allons célébrer Zhong Qiu Jie ce week-end avec la famille : tes tantes, tes oncles et tes cousins.

MEI

Oui, maman. Je me souviens. Je veux allumer certaines lanternes cette année pour m'apporter de la chance.

MÈRE

Pour le cours de littérature ? *(Souriante[20].)* Merci de mentionner les lanternes. Je dois aller au marché chinois demain pour les acheter.

MEI

Est-ce que tu peux acheter des lanternes différentes cette année ? Je veux en allumer beaucoup. Oui, pour le cours de littérature et pour mes autres cours aussi. Maman, merci

---

[19] *mapo tofu* : a popular dish from Sichuan Province that has ground meat and tofu, and Sichuan pepper and chili.

[20] souriante : smiling.

encore de me suggérer comment utiliser ChatGPT pour m'aider.

MÈRE

C'est bien, Mei. Oui, c'est important d'être une bonne élève et d'avoir de bonnes notes, mais c'est aussi important d'apprendre. N'oublie pas que tu es à l'école pour apprendre, pas seulement pour avoir de bonnes notes.

MEI

Oui, maman, je comprends. Pourquoi est-ce que mes profs pensent pas comme ça ?

MÈRE

Je suis pas sûre. Mes profs à l'université étaient similaires. Ils oublient que les élèves sont toujours en train[21] d'apprendre.

MEI

Et nous donner des devoirs très difficiles, ça nous aide pas à apprendre, ça nous stresse seulement beaucoup.

MÈRE

C'est la vie. Bienvenue dans la vie adulte.

---

[21] en train : in the process.

(MEI et la MÈRE commencent à débarrasser la table alors que la scène devient sombre et le rideau se baisse.)

SCÈNE 6

Le lendemain[22], avant leur premier cours. Anika, Fabienne et Mei parlent des devoirs dans la cour d'école.

ANIKA

Est-ce que vous avez toutes écrit la composition ?

FABIENNE

Pas encore. J'ai de la peine[23] à commencer !

MEI

Hier soir, j'ai parlé avec ma maman de devoirs, et je pense utiliser l'IA pour m'aider. Vous savez qu'on célèbre Zhong Qiu Jie ce week-end.

ANIKA

Ma famille dit que je dois utiliser l'IA pour générer des idées. Après, je peux écrire la composition avec mes propres idées.

MEI

Bonne idée. C'est les pires devoirs du monde !

---

[22] le lendemain : the next day.
[23] j'ai de la peine : I have a hard time.

*(À ce moment, M. CORDURA entre sur la
scène et marche vers sa classe.)*

M. CORDURA

Les pires devoirs du monde ?

MEI

Monsieur Cordura !

M. CORDURA

Bonjour ! Comment allez-vous ?

FABIENNE

Bien...

M. CORDURA

(Avec méfiance[24].) Bien sûr ..., alors, parlez-moi
des pires devoirs du monde.

MEI

Notre nouvelle prof de littérature veut qu'on
écrive une très longue composition.

ANIKA

Dix pages !

_____

[24] méfiance : suspicion.

FABIENNE

On doit aussi lire un article de plus de 15 pages
et l'analyser.

ANIKA

N'oublie pas le livre qu'on doit incorporer.

MEI

On doit tout finir en moins d'une semaine.

ANIKA

Et notre prof nous a donné un autre article et une
autre vidéo à analyser.

M. CORDURA

Ça semble vraiment beaucoup ! Vous avez déjà
écrit quelque chose ?

FABIENNE

Non ! On sait pas où commencer ni comment on
va tout terminer.

MEI

On pense utiliser l'IA pour nous aider ...

FABIENNE

Mais on sait pas comment la prof va réagir.

ANIKA

Elle est très stricte, alors on sait pas si ça vaut le coup.

FABIENNE

Monsieur Cordura, vous connaissez les règles de l'école à propos de l'utilisation de l'IA ?

M. CORDURA

Bonne question. En fait, je ne sais pas. Est-ce que vous pouvez demander à votre prof ?

MEI

Non, elle soupçonne déjà que quelqu'un va abuser de l'application.

ANIKA

On sait comment l'utiliser éthiquement, mais on a peur qu'elle comprenne pas.

M. CORDURA

Bon. Je vais voir ce que je peux faire pour vous aider.

FABIENNE

Merci, monsieur Cordura.

(Quand il arrive dans sa classe, M. CORDURA écrit un e-mail à VANESSA, la directrice de l'école, qu'on peut voir sur l'écran.)

Salut Vanessa :

Je ne veux pas causer de problèmes, mais j'ai entendu dire aujourd'hui que des élèves pensent utiliser l'IA. Je voudrais en parler avec toi. Quand as-tu le temps ?

Merci,

Sheldon

(M. CORDURA reste sur la scène alors que tout devient sombre.)

SCÈNE 7

Le rideau se lève.

Dans une maison du nord-est des États-Unis.
Dans la salle à manger.

(La famille s'assoit pour diner.)

PÈRE

Fabienne, apporte *la louche*[25] à table, s'il te plaît.

FABIENNE

Oui, papa. Elle est où ?

MÈRE

Elle est près de la marmite[26].

(FABIENNE arrive à table avec la louche *et elle s'assoit avec sa famille.)*

MÈRE

(Servant de la nourriture à sa fille et à son mari.) Comment s'est passée ta journée à l'école, Fabienne ?

---

[25] *louche* : ladle.
[26] *marmite* : cooking pot.

FABIENNE

Ah, maman. Mes profs sont un peu ridicules.

MÈRE

Pourquoi est-ce que tu dis ça ?

FABIENNE

(Mangeant) Tu te souviens de la composition pour le cours de littérature, n'est-ce pas ?

PÈRE

Ce que tu nous as dit ce week-end ?

FABIENNE

Oui. La longue composition où on doit analyser le texte et une vidéo...

MÈRE

Que tu dois rendre vendredi.

PÈRE

Passe les *bannann peze*[27], s'il te plaît.

---

[27] *bannann peze* : fried plantains.

FABIENNE

Exactement. On doit faire beaucoup de travail avant d'écrire la composition.

MÈRE

Tu as déjà fait[28] cette partie des devoirs ?

FABIENNE

J'ai lu les articles et j'ai regardé la vidéo, mais je les ai pas encore analysés.

PÈRE

Est-ce que tu peux travailler avec tes amies pour faire l'analyse ?

FABIENNE

Normalement, oui, on peut… quand il y a plus de temps. Mais avec cette composition, j'ai seulement deux jours pour l'écrire.

MÈRE

Et tout le monde est occupé, n'est-ce pas ?

---

[28] tu as déjà fait… : have you already done…

FABIENNE

Oui, maman. Tu sais : avec les clubs, les devoirs pour les autres cours et les autres activités... Je voudrais travailler avec mes amies pour discuter des articles, mais c'est pas réaliste.

PÈRE

Est-ce qu'il y a une autre manière de synthétiser l'information ?

FABIENNE

Et bien, oui...

PÈRE

Utilise-la alors.

FABIENNE

Je sais pas si c'est permis.

MÈRE

De quoi est-ce que tu parles, Fabienne ?

FABIENNE

Mes amies et moi pensons utiliser l'IA, comme ChatGPT.

MÈRE

L'utilisation de ChatGPT est un thème très actuel[29] aujourd'hui. On parle de ça dans mon travail et dans les réunions d'associations de parents d'élèves. Beaucoup de parents disent que c'est bon, mais d'autres parents disent qu'effectivement, c'est tricher.

PÈRE

Ils le disent parce que l'application fait le travail ?

MÈRE

Je crois que oui.

FABIENNE

Mes amies et moi voulons pas tricher. On va écrire la composition. On veut utiliser l'application pour nous aider avec l'analyse. Pour réduire notre travail. Qu'est-ce que vous pensez de cette idée ?

PÈRE

L'idée de l'utiliser pour vous aider à réduire le travail ?

---

[29] actuel : current.

FABIENNE

Oui. Je veux pas tricher, mais il y a pas assez de temps pour faire du bon travail avec cette composition.

MÈRE

(Parlant à son mari.) Qu'est-ce que tu penses ? Notre fille n'est pas une tricheuse, mais elle n'a pas assez de temps pour bien terminer son devoir.

PÈRE

Fabienne, les idées de ta composition doivent être TES idées. Tu as une responsabilité — non seulement pour faire du bon travail, mais pour effectuer un travail individuel. Comme femme et comme femme haïtienne, tu dois exprimer tes propres idées. Tu as une perspective unique et importante. Tu me comprends ?

FABIENNE

Merci, papa. Je te comprends.

PÈRE

Dans mon travail, on a des problèmes avec l'utilisation de l'IA parce que par moment, ce que les modèles n'ont pas, c'est une prise de conscience[30] et un lien culturel avec des groupes divers.

MÈRE

Oui, ces modèles doivent reconnaitre et intégrer des valeurs et perspectives diverses.

FABIENNE

Oui maman, je comprends parfaitement. Ça dépend de moi de faire un travail complet quand j'analyse ce que ChatGPT me donne.

PÈRE

C'est ça, Fabienne. La technologie peut être utile[31], mais les humains doivent savoir bien l'utiliser, et l'utiliser pour faire le bien...

MÈRE

...pas pour faire le mal.

FABIENNE

Et pas pour faire tout le travail.

PÈRE

Exactement.

---

[30] une prise de conscience : an awareness.
[31] utile : useful.

MÈRE

Fabienne, va dans ta chambre pour faire tes devoirs. Ton père et moi devons ranger la cuisine.

FABIENNE

Merci, maman. Et merci pour le délicieux diner de *diri ak pwa*[32]. C'est mon préféré.

MÈRE

De rien, Fabienne.

(FABIENNE quitte la scène. La MÈRE et le PÈRE commencent à débarasser la table pendant que le rideau se baisse.)

---

[32] *diri ak pwa* : rice and beans (black or kidney) mixed with seasonings like garlic, thyme and onions.

SCÈNE 8

Sur la partie avant de la scène, jeudi avant le long week-end. Après l'école.

(La directrice de l'école est sur la scène pour une réunion de profs. Les lumières du théâtre s'allument.)

DIRECTRICE VANESSA

Merci tout le monde de venir à cette réunion avant le long week-end. Et merci de venir dans cette salle. Comme vous savez, ils travaillent dans la bibliothèque. Pour l'instant, nos réunions vont être ici.

(On entend beaucoup de petites conversations entre les profs qui ne font pas attention à la DIRECTRICE.)

DIRECTRICE VANESSA

Au cours des dernières semaines, on m'a beaucoup parlé de l'utilisation de l'IA. En particulier par les élèves. Comme toute nouvelle technologie, celle-ci est comme ça, nouvelle. Pour cette raison, on doit s'interroger comment l'utiliser de manière éthique. Et on doit enseigner aux élèves comment bien l'utiliser aussi. J'ai invité M. Shafi, le prof de technologie, pour vous parler de tout ça.

M. SHAFI

Merci. Comme vous le savez, l'intelligence artificielle est ma passion. On peut l'utiliser pour le bien... et pour le mal. Je voudrais le bien *(il sourit)*.

(Une PROFESSEURE lève la main pour poser une question à M. SHAFI.)

PROFESSEURE

Comme professeure d'histoire, je veux savoir comment je peux empêcher[33] les élèves d'utiliser l'IA pour leurs devoirs ?

M. SHAFI

Tout le monde sait que s'il y a une méthode plus rapide pour terminer les devoirs, les élèves vont la trouver. Pour cette raison, on doit leur enseigner comment utiliser l'IA comme outil — non pour faire le travail, mais pour les aider à terminer leur travail. En fait, on doit modifier la manière de créer les devoirs et la manière de les évaluer.

DIRECTRICE VANESSA

Exactement, M. SHAFI. Merci de mentionner les devoirs. Aujourd'hui par exemple, évaluer un long texte, l'analyser et produire une

---

[33] empêcher : to prevent.

composition de diverses pages n'est plus quelque chose de typique.

(La PROFESSEURE regarde le sol.)

DIRECTRICE VANESSA

Maintenant, on doit réfléchir aux compétences qu'on veut évaluer et on doit accommoder les devoirs. Avec l'existence de l'IA, on doit enseigner aux élèves comment bien l'utiliser et comment réfléchir de manière critique sur ce qu'ils produisent. L'IA va rendre le travail plus facile au début, mais tout le monde doit encore réfléchir. *(Elle sourit.)* Ce n'est pas nécessaire, ni une bonne idée, de donner des devoirs aux élèves juste parce que ça a l'air bien sur papier.

(Tous les professeurs se lèvent pour partir.)

DIRECTRICE VANESSA

Encore une chose avant que vous partiez. Ce travail est difficile. Par moments, nous pensons que *(entre guillemets)* « plus, c'est plus et nous devons « bien leur enseigner ce que nous avons appris », ce n'est plus possible. Les élèves ne peuvent pas faire cette quantité de travail, et nous ne voulons pas non plus avoir trop à évaluer. Par moments, « moins, c'est plus ».

OK. Merci d'être venus. S'il y a des questions ou des commentaires individuels, je vais être ici pendant quelques minutes. Bonne journée à tous.

(DIRECTRICE VANESSA continue de parler à M. SHAFI alors que la scène devient sombre et le rideau se baisse...)

SCÈNE 9

La scène est divisée en deux : d'un côté la PROFESSEURE dans sa salle de classe avec son ordinateur portable et une tasse de thé, préparant ses cours. De l'autre côté, ANIKA dans sa chambre avec son ordinateur portable et une boisson énergisante[34], préparant la composition pour le lendemain.

(Chacune est seule et se parle à elle-même.)

PROFESSEURE

(Souriant, avec une copie du livre dans la main.) Ah, ce roman est très difficile. Il y a des thèmes compliqués à analyser.

ANIKA

(Avec une copie du livre et son ordinateur portable dans le bureau. Elle travaille.) Ah, ce roman est très difficile. Les thèmes sont très compliqués à analyser.

PROFESSEURE

(Les devoirs sont visibles sur l'écran au-dessus, et c'est ce que voit la PROFESSEURE sur son ordinateur portable.) Cette composition est très exigeante et problématique. L'analyse re-

---

[34] une boisson énergisante : an energy drink.

présente trop de travail pour des élèves de première année de lycée.

ANIKA

(Une partie de sa composition est sur l'écran au-dessus et c'est ce qu'elle voit sur son ordinateur portable.) Cette composition est très compliquée. C'est exigeant. L'analyse représente trop de travail pour des élèves de première année de lycée.

PROFESSEURE

J'aime beaucoup analyser les textes. Quand j'étais jeune, j'aimais les compositions comme ça.

ANIKA

J'aime lire. Et j'aime parler des textes. Mais, j'aime pas ces compositions.

PROFESSEURE

J'ai hâte[35] de lire les compositions ce week-end. Je veux lire les conclusions que ce groupe d'élèves avancés a écrites.

---

[35] J'ai hâte : I can't wait.

ANIKA

J'ai hâte de finir cette composition. Je veux un week-end sans devoirs. Je veux plus penser à ce roman, ni à cette vidéo, ni à ces articles.

PROFESSEURE

Cette partie du texte est fascinante. Le vocabulaire est exceptionnel et le style est excellent. Je suis une personne qui aime beaucoup les mots.

ANIKA

Le message du texte est fascinant. Mais le vocabulaire est excessif. Le niveau de style est trop élevé pour les élèves de notre classe. Pouah !

PROFESSEURE

Est-ce que ces devoirs sont accessibles pour mes élèves ? La directrice a mentionné les devoirs comme ça, qui ne sont peut-être pas adéquats pour les élèves d'aujourd'hui.

ANIKA

Il doit y avoir une règle sur les devoirs longs et compliqués comme ça.

PROFESSEURE

Il est dix heures et demie du soir. Est-ce que les élèves vont pouvoir terminer leur composition ? Dix pages, c'est beaucoup ... Est-ce trop difficile pour eux ?

ANIKA

Il est dix heures et demie du soir. J'ai seulement écrit sept pages. Je vais pouvoir finir ma composition pour demain ?

(Les lumières des deux côtés de la scène restent allumées encore un instant. La PROFESSEURE et ANIKA travaillent. Enfin, la PROFESSEURE se lève et quitte la scène, laissant ANIKA travaillant intensément. Finalement, la scène devient sombre et le rideau se baisse.

SCÈNE 10

Le rideau se lève.

Dans un lycée du nord-est des États-Unis. Vendredi, dans le cours de littérature.

(Tous les élèves entrent dans la classe très fatigués. La PROFESSEURE entre sur la scène après que les élèves se sont assis. Elle commence à sortir ses livres, son ordinateur portable et d'autres choses de son sac.)

PROFESSEURE

Bonjour, classe. Je vois que beaucoup d'entre vous avez rendu votre composition à temps. Très bien. Comment vous sentez-vous ?

(Aucun élève ne parle. L'épuisement[36] est réel.)

PROFESSEURE

J'imagine que vous n'avez pas tous dormi la nuit dernière, probablement à cause de la composition que vous avez écrite.

(Les élèves la regardent avec le regard vide[37]).

---

[36] l'épuisement : exhaustion.
[37] regard vide : blank stares.

PROFESSEURE

Je n'ai pas bien dormi non plus.

MEI

(Chuchotant à ses amies.) Pourquoi ? Elle était pas obligée d'écrire une composition de plusieurs pages.

> *(La PROFESSEURE continue sans entendre ce que MEI a dit.)*

PROFESSEURE

Non, je n'ai pas bien dormi parce que je m'inquiétais pour vous.

ANIKA

(Chuchotant à ses amies.) Maintenant elle s'inquiète de nous ?

(La PROFESSEURE continue sans entendre ce qu'ANIKA a dit.)

PROFESSEURE

J'ai réalisé que les devoirs que je vous ai donnés étaient trop longs et un peu difficiles.

FABIENNE

(Chuchotant à ses amies.) Seulement « un peu » difficiles ? Pouah !

PROFESSEURE

Fabienne, qu'est-ce que tu dis ?

(FABIENNE regarde le sol.)

PROFESSEURE

Non, c'est bien, Fabienne. Tu as raison. Les devoirs étaient difficiles. Je pensais vous enseigner ce que moi, j'ai appris, mais ce n'est pas possible, ni raisonnable. Vous ne pouvez pas faire cette quantité de travail. Peut-être que « moins, c'est plus ».

ARTHUR

Madame, en toute honnêteté, j'ai pas aimé les devoirs.

(Tout le monde rit. Les élèves et la PROFESSEURE semblent plus calmes maintenant.)

PROFESSEURE

Merci pour ton honnêteté, Arthur. Et maintenant …

DRU

Madame, maintenant que vous avez réfléchi différemment aux devoirs, est-ce que vous allez utiliser la même rubrique pour noter les compositions ?

PROFESSEURE

Merci pour la question, Dru. Toi aussi, tu as raison. Ce ne sera pas juste d'évaluer les compositions avec la même rubrique. Au lieu d'utiliser cette rubrique, je vais les lire avec plus de compréhension. Je veux dire que je vais les lire pour déterminer si ce sont de bonnes compositions vu le temps que je vous ai donné pour les terminer. Qu'en pensez-vous ?

(Les élèves chuchotent et ils commencent à parler.)

PROFESSEURE

Mes élèves, excusez-moi, s'il vous plaît. Je veux être une bonne professeure, bien sûr, mais le plus important pour moi est que vous appreniez quelque chose dans mon cours.

MEI

Merci madame. Merci de nous avoir parlé.

FABIENNE

Et merci de pas utiliser la rubrique originelle. Maintenant je vais avoir la chance de ne pas recevoir une mauvaise note sur ces devoirs.

ANIKA

Moi aussi. Normalement j'aime écrire, mais, cette fois … ah, non !

PROFESSEURE

Eh bien, classe. Merci de m'avoir écoutée. Maintenant c'est à mon tour de terminer le travail et de lire vos compositions. Et c'est l'heure de finir cette classe.

ARTHUR

Et comme devoir, on doit commencer à lire le prochain roman, n'est-ce pas ? Comme le dit le calendrier ?

PROFESSEURE

Oui, rien de plus. On peut commencer le roman la semaine prochaine, après le long week-end. Le seul devoir, si vous voulez le terminer, c'est lire un autre livre de votre sélection.

TOUS LES ÉLÈVES

Merci madame !

PROFESSEURE

Très bien. Bon week-end, tout le monde!

(Les élèves se lèvent et quittent la scène, laissant la PROFESSEURE seule avec son ordinateur portable.)

PROFESSEURE

(Soupirant.) Ah !

(La PROFESSEURE ouvre son ordinateur portable et elle se parle à elle-même à voix haute[38]. Le programme où sont les compositions remises indique combien d'élèves les ont rendues. On peut voir sur l'écran ce qu'elle voit sur son ordinateur portable.)

PROFESSEURE

Que je suis bête! Vingt-quatre compositions avec un minimum de dix pages chacune. C'est plus de 240 pages que je dois lire ce week-end et sur le même roman. Ah ! Comme c'est ennuyeux ! Et plus tard je vais devoir écrire des commentaires pour chaque composition ...

(La PROFESSEURE lève la tête, puis elle retourne à son ordinateur portable et soupire[39] beaucoup.)

---

[38] à voix haute : out loud.
[39] soupire : sighs.

PROFESSEURE

Comment est-ce que je vais pouvoir écrire des commentaires pour chaque composition ? Il doit y avoir une manière rapide d'écrire des commentaires...

(La PROFESSEURE commence à écrire sur l'Internet et on voit ce qu'elle écrit sur l'écran au-dessus.)

PROFESSEURE

Bien, parfois la professeure est la professeure, mais parfois les élèves sont plus intelligents. Je vais aussi utiliser ChatGPT. *(Souriant.)* Bonne idée.

(La PROFESSEURE sort ses livres et ses autres choses et elle les met dans son sac. Elle regarde encore une fois l'écran de son ordinateur portable.)

PROFESSEURE

Tant de compositions que je dois lire. Ce n'était pas une bonne idée, surtout avant un long week-end.

(La PROFESSEURE ferme son ordinateur portable, elle le met dans son sac et elle quitte la scène.)

PROFESSEURE

(Elle se parle à elle-même alors qu'elle quitte la scène.) Dans le futur, il faut se rappeler que « moins, c'est plus ». « Moins, c'est plus ».

(La PROFESSEURE continue à répéter la même phrase « moins, c'est plus » alors qu'elle quitte la scène. La scène devient sombre et le rideau se baisse.)

FIN

GLOSSAIRE

The translations provided are specific to the context in which they are used in this book.

A

à - to, at
abuser - to abuse
accessibles - accessible
accommoder - to accommodate
(d')accord - alright
acheter - to buy
activités - activities
actuel - current
administration - administration
adolescente - adolescent
adores - love
adulte - adult
adéquats - adequate
affaires - concern
âgée - old (person)
ah - ah
ai - have
aide - help/s
aider - to help
aimais - loved
aime - like/s
aimes - like
aimé - liked
air - appearance
aller - to go
allez - go
allons - go

allument - turn on
allumer - to turn on
allumées - turned on
alors - so
ami/e(s) - friend(s)
analyse - analyze/s
analyser - to analyze
analysés - analyzed
ancienne - old
anglais - English
année - year
ans - years
application(s) - application(s)
apporte - bring/s
apporter - to bring
apprendre - to learn
appreniez - learned
appris - learned
après - after
arrive - arrive/s
article(s) - article(s)
artificielle - artificial
as - have
assez - enough
assis/e - sitting
associations - associations
assoit - sits
astuce - trick
attendre - to wait for
attention - attention
au(x) - to/at the

aucun - none
aujourd'hui - today
aussi - also, too
autant - as much
autre(s) - other
avais - had
avancés - advanced
avant - before
avec - with
avez - have
avoir - to have
avons - have

B

baisse - drop
bancs - benches
bannann peze - fried plantains
beaucoup - a lot, much
bénéficier - to benefit
(avoir) besoin - to need
bibliothèque - library
bien - well
bienvenue - welcome
boisson - drink
bon/ne(s) - good
bonjour - hello
bouche - mouth
bureau - desk

C

ça/ c'/ce - this
calendrier - calendar
calmes - calm
camarade - classmate

(à) cause - because (of)
causer - to cause
célèbre - celebrate/s
célébrer - to celebrate
celle - that
certaines - certain
certains - certain
ces - these
cet/te- this
chacune - each
chambre - bedroom
chance - chance
chanson - song
chanter - to sing
chapati - unleavened flatbread
chaque - each
ChatGPT - artificial intelligence chatbot
cher - dear
Chine - China
chinois/e - Chinese
chose(s) - thing(s)
chuchotant - whispering
chuchotent - whisper
ci - here
clarification - clarification
classe - class
cloche - bell
clubs - clubs
combien (de/ d') - how many

comme - like, as
commence - begin/s
commencent - begin
commencer - to begin
comment - how
commentaire(s) -
    comment(s)
complet - complete
compliqué/e(s) -
    complicated
composition(s) -
    composition(s)
comprendre - to
    understand
comprends -
    understand
comprenne -
    understand
compréhension -
    comprehension
compétences - skills
compétents -
    competent
concepts - concepts
conclusions -
    conclusions
conforme - conform/s
connais - know
connaissez - knew
conscience -
    awareness
considérer - to
    consider
conséquences -
    consequences
continue - continue/s

conversation(s) -
    conversation(s)
copie - copy
côté(s) - side(s)
couloir - corridor
(ça vaut le) coup - it's
    worth it
cour - courtyard
cours - course(s)
cousins - cousins
créer - to believe
crie - yells
critique - critique
crois - believe
cuillère - spoon
cuisine - kitchen
culturel - cultural

D
d'/de(s) - of, from
dans - in
date - date
débarrasser - to clear
    (the table)
(au) début - at first
décider - to decide
déjà - already
déjeuner - lunch
délicieux - delicious
demain - tomorrow
demandé - asked
demander - to ask
demie - half
dépend - depends
dernière(s) - last
dernier - last

dessus - above
déterminer - to determine
deux - two
devez - must
devient - becomes
devoir(s) - homework
devons - must
devrait - should
difficile(s) - difficult
différemment - differently
différence - difference
différent(es) - different
diner - dinner
diner - to eat dinner
dire - to say, tell
directement - directly
directrice - director, principal (f.)
diri ak pwa - rice and beans (black or kidney) mixed with seasonings like garlic, thyme and onions
dis - say
discuter - to discuss
disent - say
distribue - distributes
dit - says
divers(es) - various
divisée - divided
dix - ten
dois - must

doit - must
doivent - must
donne - give/s
donner - to give
donné/e(s) - given
dont - of which
dormi - slept
du - of/from the

E

école - school
écoutent - listen
écoutez - listen
écoutée - listened
écran - screen
écrire - to write
écris - write
écrit - writes
écrite(s) - written
écrive - write
effectivement - in fact
effectuer - to perform
eh (bien) - well
élève(s) - student(s)
elle - she
elles - they
e-mail - email
embêtant - annoying
empêcher - to prevent
en - in, on
encore - again
énergisante - energy
enfin - finally
ennuyeux - boring
énoncé - statement

enseigner - to teach
entend - hears
entendre - to hear
entendu - heard
entre - between
entrent - enter
entrer - to enter
épuisement -
   exhaustion
es - are
espère - hope/s
est - is
et - and
étaient - were
étais - were
était - was
États-Unis - United
   States
êtes - are
éthique - ethics
éthiquement -
   ethically
étonnées - surprised
études - studies
étudiais - studied
européenne -
   European
eux - them
évaluation -
   evaluation
évaluer - to evaluate
exactement - exactly
excellent - excellent
exceptionnel -
   exceptional
excessif(s) - excessive
excusez - excuse

exemple - example
exigeant/e(s) -
   demanding
existence - existence
expérience -
   experience
explication(s) -
   explanation(s)
explique - explains
exprimer - to express

F
facile(s) - easy
facilement - easily
faire - to do, make
fait - does, makes
famille - family
fascinant/e -
   fascinating
fatigués - tired
faut - must
   (necessary)
femme - woman
ferme - closes
feuille - sheet (of
   paper)
fille(s) - girl(s)
fils - son
fin - end
finalement - finally
fini - finished
finir - to finish
fois - time, instance
font - do, make
formation - formation
formuler - to
   formulate

frère - brother
futur - future

G

garçon(s) - boy(s)
génère - generates
générer - to generate
gens - people
grammaire - grammar
grand/e - big
groupe(s) - group(s)
guillemets - quotation
   marks

H

ha - ha
haïtienne - Haitian
(voix) haute - out
   loud
heu - uh
heure(s) - hour(s)
hier - yesterday
hispanique - Hispanic
histoire - history
honnêteté - honesty
huit - eight
humains - humans

I

**IA (intelligence
artificielle)** - AI,
   artificial
   intelligence
ici - here
idée(s) - idea(s)
ignorant - ignorant

il - he
ils - they (m.)
imagine - imagine/s
important/e -
   important
impossible -
   impossible
inclure - to include
incorporer - to
   incorporate
incroyable -
   incredible
Inde - India
indienne - Indian
indique - indicates
individuel(s) -
   individual
information(s) -
   information
informer - to inform
inquiète - worries
inquiétais - worried
instant - instant
instructions -
   instructions
insulté - insulted
intégrer - to integrate
intelligence -
   intelligence
intelligents -
   intelligent
intensément -
   intensely
intéresse - interested
internet - internet
interroger - to
   question

interrompant -
interrupting
invité - invited

J

j'/je - I
jeudi - Thursday
jeune - young
joindre - join
journée - day
jours - days
juste - fair

L

l'/la/le/les - the
laissant - leaving
lanternes - lanterns
lendemain - the next
day
leur(s) - their
lèvent - rise
lien - link
(au) lieu (de) -
instead (of)
limite - limit
lire - to read
lit - reads
littérature - literature
livre(s) - books(s)
long(s) - long
longue - long
louche - ladle
lumière - light
lui - him
lundi - Monday
lycée - high school

M

m'/me - me, to me
ma - my
maa - mother (Hindi)
madame - missus,
madam
main - hand
maintenant - now
mais - but
maison - house
mal - bad
maman - mom
mangeant - eating
manger - to eat
manière - manner,
way
mapo tofu : a popular
dish from Sichuan
Province that has
ground meat and
tofu, and Sichuan
pepper and chili
marche - walk
marché - walked
mari - husband
marmite - cooking pot
mauvaise - bad
méfiance - mistrust
meilleur - better
membres - members
mentionner - to
mention
mentionné -
mentioned
merci - thank you
mes - my
message - message

met - puts
méthode - method
mettre - to put
mieux - better
Mimi - nickname for
  Anika's
  grandmother
minimum - minimum
minutes - minutes
mixer - mixer
modèles - models
modifier - to modify
moi - me
moins - less
moment(s) -
  moment(s)
mon - my
monde - world
monsieur - mister, sir
montrée - showed
mots - words
moyen - way/ means
Moyen-Orient -
  Middle East
multiraciale -
  multiracial

N

n'/ne - not
né/e - born
nécessaire - necessary
ni - nor
niveau - level
non - no
nord - north
normalement -
  normally

nos - our
note - grade
noter - to note
notes - grades
notre - our
nourriture - food
nous - we/ us
nouvelle - new
nuit - night

O

obligée - obligated
occupé - occupied
oh - oh
OK - okay
on - we
oncles - uncles
ont - have
ordinateur - computer
orient - east
originaire - native
origine - origin
originelle - original
ou - or
oublie - forget/s
oublient - forget
ouh - oh
oui - yes
outil - tool
ouvre - open/s
ouvrir - to open

P

pages - pages
paneer - fresh cheese
  used in Indian
  cooking

papa - dad
papier - paper
par - by
parce que - because
parents - parents
parfait - perfect
parfaitement -
    perfectly
parfois - sometimes
parlant - speaking
parle - speak/s
parlent - speak
parler - to speak
parles - speak
parlez - speak
parlé - spoke/ spoken
particulier -
    particular
partie - part
partiez - leave
partir - to leave
pas - not
passe - passes
passion - passion
passée - past
(j'ai de la) peine - I
    have a hard time
pendant - while
pensais - thought
pense - think/s
pensent - think
penser - to think
penses - think
pensez - think
pensons - think
perdre - to lose
permis - allowed

personnages -
    characters
personne(s) -
    person(s)
perspective(s) -
    perspective(s)
petites - small
peu - little
peur - fear
peut - can
peuvent - can
peux - can
phrase(s) -
    sentence(s)
pièce de théâtre -
    play (theater)
pires - worst
(s'il [te, vous]) plaît -
    please
plaignant -
    complaining
plaignent - complain
pleine - full
plus - more
plusieurs - several
portable - laptop
poser - to ask
possible - possibe
pouah - ugh
pour - for
pourquoi - why
pouvez - can
pouvoir - to be able
préféré - favorite
premier - first
première - first
préparant - preparing

préparer - to prepare
prépares - prepare
près - near
principal - main
priorités - priorities
prise (de conscience) - an awareness
probablement - probably
problèmes - problems
problématique - problematic
prochain/e - next
produire - to produce
produisent - produce
prof(s) - teacher(s)
professeur/e(s) - teacher(s)
programme(s) - program(s)
projet(s) - project(s)
(à) propos - about
propre(s) - own
pu - could
puis - then
pupitre - desk

Q
qu' - what
quand - when
quantité - quantity
quatre - four
que - that
quelqu'/e(s) - some
question(s) - question(s)
qui - who

quitte - leave
quittent - leave
quoi - what

R
raison - reason
raisonnable - reasonable
range - put away
ranger - to put away
rapide - fast
rapidement - quickly
rappeler - to remind
réagir - to react
réaliste - realistic
réalisé - realized
recevoir - to receive
recherche - research/es
reconnaitre - to recognize
réduire - to reduce
réel - real
réfléchi - thought/ reflected on
réfléchir - to reflect (on)
réfléchit - thinks/ reflects
regard - look
regarde - watch/es
regardent - watch
regardez - watch
regardé - watched
règle(s) - rule(s)
remettre - to submit
remises - submitted

rendre - to submit/ to make
rendu(s) - submitted
répéter - to repeat
répond - responds
représente - represents
responsabilité - responsibility
reste - stay
restent - stay
résumés - summaries
retourne - returns
réunion(s) - meeting(s)
revenir - to come back
rideau - curtain
ridicules - ridiculous
rien - nothing
riez - laugh
rire - to laugh
rit - laughs
roman - novel
rubrique - rubric

S

s'/se - himself, herself
sa - his, her
sac - bag
sais - know
sait - knows
salle - room
salut - hi
sans - without
savez - know
savoir - to know

scène(s) - scene(s)/ stage
sciences sociales - social studies
sélection - selection
semaine(s) - week(s)
semblant - seeming
semble - seems
semblent - seem
sentez - feel
sept - seven
sera - will be
sérieusement - seriously
servant - serving
servent - serve
servir - to serve
ses - his, her
seul/e - alone
seulement - only
si - if
silence - silence
similaires - similar
société - society
soir - evening
sol - ground
sombre - dark
sommative - summative
son - his, her
sonne - ring
sont - are
sort - leaves
sortir - to leave
soupçonne - suspects
soupirant - sighing
soupire - sighs

souriant/e - smiling
sourire - to smile
sourit - smiles
souvenirs - memories
souviens - remember
stresse - stress
stricte - strict
style - style
suggestions -
    suggestions
suggérer - to suggest
suis - am
sur - on
surtout - especially
synopsis - synopsis
synthétiser - to
    synthesize

T
t'/te - you
ta - your
table - table
tant(es) - aunt(s)
tard - late
tasse - cup
technique - technique
technologie -
    technology
temps - time
terminer - to finish
tes - your
tête - head
texte(s) - text(s)
textes - texts
thème(s) - theme(s)
thé - tea
ti - you

tofu - tofu
toi - you
ton - your
totalement - totally
toujours - always
tour - turn
tous - all
tout/e(s) - all
très - very
(toujours en) train -
    in the process
travail - work
travaillant - working
travaille - work/s
travaillent - work
travailler - to work
triche - cheats
tricher - to cheat
tricheuse - cheater
triché - cheated
trois - three
trop - too much
trouver - to find
tu - you
typique - typical

U
un/e - a, an
unique - unique
université - university
utile - useful
utilisation - use
utilise - use/s
utilisent - use
utiliser - to use
utilises - use
utilisé - used

V

va - goes
vais - go
valeurs - values
vas - go
vaut - worth
vendredi - Friday
venir - to come
venus - came
vers - towards
ves - see
veut - wants
veux - want
vide - empty
vidéo - video
vie - life
vient - come
vingt - twenty
visibles - visible
vocabulaire - vocabulary
voilà - there
voir - to see
vois - see
voit - sees
voix - voice
vont - go
vos - your
votre - your

voudrais - would like
voulez - want
voulons - want
vous - you
voyez - see
vrai - true
vraiment - truly
vu - saw

W

week-end - weekend
wok - wok

Y

y - there

Z

Zhong Qiu Jie - Chinese mid-autumn festival celebrated on the15th day of the 8th month of the Chinese lunar calendar.

ABOUT THE AUTHOR

Jennifer Degenhardt taught high school Spanish for over 20 years and now teaches at the college level. At the time she realized her own high school students, many of whom had learning challenges, acquired language best through stories, so she began to write ones that she thought would appeal to them. She has been writing ever since.

Other titles by Jen Degenhardt:

Sancho en San Juan
La chica nueva | *La Nouvelle Fille* | <u>The New Girl</u> | *Das Neue Mädchen* | *La nuova ragazza*
La invitación \ *L'invitation* \ The Invitation | *L'invito* | *Die Eindalung*
Salida 8 | *Sortie no. 8* | Exit 8
Raíces
Chuchotenango | *La terre des chiens errants* | *La vita dei cani* | <u>Dogland</u>
Pesas | *Poids et haltères* | <u>Weights and Dumbbells</u> |*Pesi*
Moda personal | *Style personnel*
LUIS, un soñador | *Le rêve de Luis* | <u>Luis, the DREAMer</u>
El jersey | <u>The Jersey</u> | *Le Maillot*
La mochila | <u>The Backpack</u> | *Le sac à dos*
Moviendo montañas | *Déplacer les montagnes* | <u>Moving Mountains</u> | *Spostando montagne*

75

La vida es complicada | *La vie est compliquée* | <u>Life is Complicated</u>
El verano de las oportunidades | <u>Summer of Opportunities</u>
Clic o no clic: la decisión final |*Cliquer ou ne pas cliquer : la décision finale*
El Mundial | *La Coupe du Monde* | <u>The World Cup</u> | *Die Weltmeisterschaft in Katar 2022* | *La Coppa del Mondo*
Quince | <u>Fifteen</u> | *Douze ans*
El viaje difícil | *Un voyage difficile* | <u>A Difficult Journey</u>
La niñera | <u>The Nanny</u>
¡¿Fútbol... americano?! | *Football... américain ?!* | <u>Soccer->Football??!!</u>
Era una chica nueva
Levantando pesas: un cuento en el pasado
Se movieron las montañas
Fue un viaje difícil
¿Qué pasó con el jersey?
Cuando se perdió la mochila
Con (un poco de) ayuda de mis amigos | <u>With (a little) Help from My Friends</u> | *Un petit coup de main amical* | *Con (un po') d'aiuto dai miei amici*
La última prueba | <u>The Last Test</u>
Los tres amigos | <u>Three Friends</u> | *Drei Freunde* | *Les trois amis*
La evolución musical
María María: un cuento de un huracán | <u>María María: A Story of a Storm</u> | *Maria Maria: un histoire d'un orage*
Debido a la tormenta | <u>Because of the Storm</u>
La lucha de la vida | <u>The Fight of His Life</u>
Secretos | *Secrets (French)* | <u>Secrets Undisclosed</u> (English)
Como vuela la pelota
Cambios | *Changements* | <u>Changes</u>
De la oscuridad a la luz | <u>From Darkness into Light</u> | *Dal buio alla luce* | *De la obscurité à la lumière* | *Aus der Dunkelheit ins Licht*
El pueblo | <u>The Town</u> | *Le village*

@jendegenhardt9

@PuentesLanguage
World LanguageTeaching Stories (Facebook group)

Visit www.puenteslanguage.com to sign up to receive
information on new releases and other events.

Check out all titles as ebooks with audio on
www.digilangua.co.

ABOUT THE COAUTHOR & COVER ARTIST

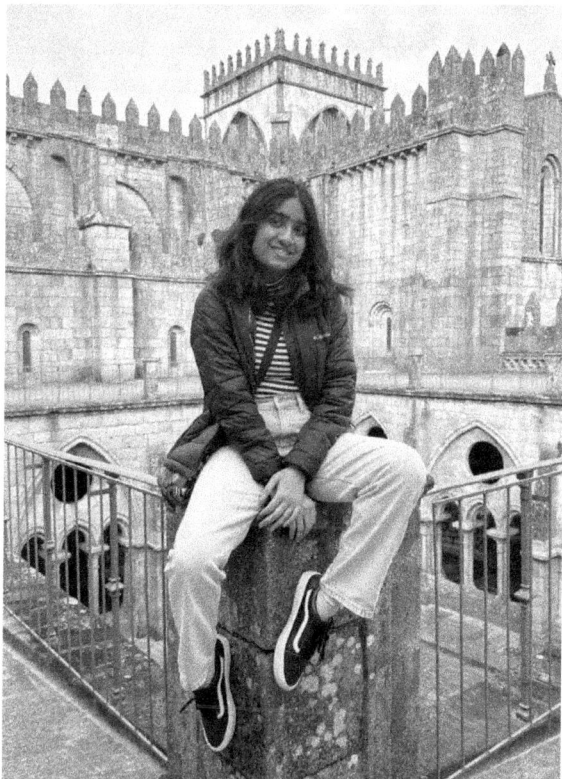

Tara Pai is a twelfth-grade student and multidisciplinary artist from the Greater Boston area. Her work has been recognized by various organizations, including the Alliance for Young Artists & Writers. Outside of the arts, Tara spends her time writing for local publications, serving on student advisory boards, studying ethical cases, and exploring the societal implications of AI. She is also a world traveler and loves learning about different cultures and ways of life.

ABOUT THE EDITORS

Françoise "Swaz" Piron was born and raised in Geneva, Switzerland, the daughter of a French mother and a Belgian father. She taught French (and German) at South Jefferson CSD for 35 years and retired in June 2021. She is a member of several world language teacher organizations, including ACTFL, NYSAFLT and AATF. She was a regular item writer and consultant at the NYS Education Department for the two French state exams for over 20 years. Swaz has presented numerous workshops at the local, state and national levels. She is the recipient of several NYSAFLT awards, was named "Chevalier dans L'Ordre des Palmes Académiques" by the French Ministry of Education and is the co-author of the book *"World Class, the Re-education of America"*. When she is not proofreading or translating readers, she can be found doing outdoor activities, reading or working as a server in a local restaurant.

Nicole Piron is the translator's mother. She was born in Paris and spent her youth in the Bordeaux area. She has a degree in political science and English from la Sorbonne (Paris University) and was a translator for the United Nations in New York, where she worked for a few years. Nicole has always been active in her community, in local politics as a member of the "conseil communal" of the village of Coppet, Switzerland, as well as in the Catholic church of the town where she currently resides, Gland, Switzerland. When she is not helping her daughter proofread readers, she can be found reading, going to cultural events and visiting with her network of friends.